曾文正公家訓卷下

同治二年正月二十四日

字諭紀澤：蕭開二來，接爾正月初五日稟，得知家中平安。羅太親翁仙逝，當寄奠儀五十金，祭幛一軸，下次付回。羅壻性情可慮，然此無可如何之事。爾當諄囑三妹柔順恭謹，不可有片語違忤。三綱之道，君爲臣綱，父爲子綱，夫爲妻綱，是地維所賴以立，天柱所賴以尊。故傳曰：君，天也；父，天也；夫，天也。儀禮記曰：君，至尊也；父，至尊也；夫，至尊也。君雖不仁，臣不可以不忠；父雖不慈，子不可以不孝；夫雖不賢，妻不可以不順。吾家讀書居官，世守禮義，爾當誥戒大妹三妹忍耐順受。吾於諸女妝匳甚薄，然使女果貧困，吾亦必周濟而覆育之。目下陳家微窘，袁家羅家幷不憂貧。爾諄勸諸妹，以能耐勞忍氣爲要。吾服官多年，亦常在耐勞忍氣四字上做工夫也。鮑春霆正月初六日涇縣一戰後，各處未再開仗，春霆營士氣復旺，米糧亦足，應可再振。僞忠王復派賊數萬續渡江北，非希庵與江味根等來，恐難得手。余牙疼大愈，日內將至金陵一晤沅叔。此信送澄叔一閱，不另致。

同治二年二月二十四日泥汊舟次

字諭紀澤：二月二十一日在運漕行次，接爾正月二十二日、二月初三日兩稟，幷澄叔兩信，具悉家中五宅平安。大姑母及季叔葬事，此時均當完畢。爾在團山嘴橋上跌而不傷，極幸極幸。

聞爾母與澄叔之意欲修石橋爾寫稟來由營付歸可也禮云道而不徑舟而不游古之言孝者專以保身為重鄉間路窄橋孤嗣後吾家子姪凡遇過橋無論轎馬均須下而步行吾本意欲爾來營見面因遠道風波之險不復望爾前來且待九月霜降水落風濤性定再行寄諭定奪目下爾在家飽看羣書兼持門戶處亂世而得寬閒之歲月千難萬難爾切莫錯過此等好光陰也余以十六日自金陵開船而上沿途閱看金柱關東西梁山裕溪口運漕無為州等處軍心均屬穩固布置亦尚妥當惟兵力處處單薄不知足以禦賊否余再至青陽一行月杪即可還省南岸近亦喫緊廣匪兩股竄撲徽州古賴等股竄擾青

陽其志皆在直犯江西以營一飽殊為可慮澄叔不願受沅之貤封余當寄信至京停止此舉以成澄志爾讀書有恆余歡慰之至第所閱日博亦須劄記一二條以自考證腳步近稍穩重否常常留心此囑

同治二年三月初四日

字諭紀澤接爾二月十三日稟并聞人賦一首具悉家中各宅平安爾於小學訓詁頗識古人源流而文章又窺見漢魏六朝之門徑欣慰無已余嘗怪　國朝大儒如戴東原錢辛楣段懋堂王懷祖諸老其小學訓詁實能超越近古直逼漢唐而文章不能追尋古人深處達於本而闋於末知其一而昧其二頗覺

不解私竊有志欲以戴錢段王之訓詁發爲班張左郭之文章晉人左思郭璞小學最深文章亦逼兩漢潘陸不及也久事戎行斯願莫遂若爾曹能成我未竟之志則至樂莫大乎是卽日當批改付歸爾既得此津筏以後更當專心壹志以精確之訓詁作古茂之文章由班張左郭上而揚馬而莊騷而六經靡不息息相通下而潘陸而任沈而江鮑徐庾則詞愈雜氣愈薄而訓詁之道衰矣至韓昌黎出乃由班張揚馬而上躋六經其訓詁亦甚精當爾試觀南海神廟碑送鄭尚書序諸篇則知韓文實與漢賦相近又觀祭張署文平淮西碑諸篇則知韓文實與詩經相近近世學韓文者皆不知其與揚馬班張一鼻孔出氣爾能參透此中消息則幾

矣爾閱看書籍頗多然成誦者太少亦是一短嗣後宜將文選最愜意者熟讀以能背誦爲斷如兩都賦西征賦蕪城賦及九辯解嘲之類皆宜熟讀選後之文如與楊遵彥書徐哀江南賦庾亦宜熟讀又經世之文如馬貴與文獻通考序二十四首天文如丹元子之步天歌文獻通考載之地理如顧祖禹之州域形勢敘見方輿紀要首數卷低一格者不必讀高一格者可讀其排列某州某郡無文氣者亦不必讀以上所選文七篇三種爾與紀鴻兒皆當手鈔熟讀互相背誦將來父子相見余亦課爾等背誦也爾擬以四月來皖余亦甚望爾來教爾以文惟長江風波頗不放心又恐往返途中拋荒學業爾稟請爾母及澄叔酌示如四月起程則只帶袁壻及金二甥同

來如八九月起程則奉母及弟妹妻女合家同來到皖住數月孰歸孰留再行商酌目下皖北賊犯湖北皖南賊犯江西今年上半年必不安靜下半年或當稍勝爾若於四月來謁舟中宜十分穩慎如八月來則余派大船至湘潭迎接可也

同治二年三月十四日

字諭紀澤頃接爾稟及澄叔信知余二月初四在蕪湖下所發二信同日到家季叔與伯姑母葬事皆已辦妥爾自檣山歸來俗務應稍減少此間近日軍事最急者惟石澗埠毛竹丹劉南雲營盤被圍自初三至初十晝夜環攻水洩不通次則黃文金大股由建德竄犯景德鎮余本檄鮑軍救援景鎮因石澗埠危急又令鮑改援北岸沅叔亦撥七營援救石澗埠只要守住十日兩路援兵皆到必可解圍又有捻匪由湖北下竄安慶必須安排守城事宜各路交警應接不暇幸身體平安尚可支持聞人賦團批發還爾能抗心希古大慰余懷紀鴻頗好學否爾說話走路比往年較遲重否付去高麗參一斤備家中不時之需又付銀十兩爾託檣山為我買好茶葉若干斤去年寄來之茶不甚好也此信送與澄叔一看不另寄奏章 諭旨一本查收

同治二年五月十八日

字諭紀鴻接爾稟件知家中五宅平安子姪讀書有恆為慰爾問今年應否往過科考爾既作秀才凡歲考科考均應前往入

場此　朝廷之功令士子之職業也惟爾年紀太輕余不放心若鄧師能晉省送考則爾凡事有所禀承甚好甚好若鄧師不赴省則爾或與易芝生先生同住或隨羣山鏡和子祥諸先生同伴總須得一老成者照應一切乃爲穩妥爾近日常作試帖詩否場中細檢一番無錯平仄無錯擡頭也此次未寫信與澄叔爾爲禀告

同治二年七月十二日

丹閣十叔大人閣下前奉賜函敬審福履康愉闔潭多祜至爲慶慰此間軍事自去秋以至今春危險萬狀四月以後巢和二浦次第克復奪回九洑洲要隘江北肅清大局極有轉機不料

苗逆復叛占踞數城一波未平一波復起而各軍疾疫大作死亡相屬幾與去秋相等餉項奇絀醫藥無資茫茫天意不知何日果遂厭亂也姪身體粗適牙齒脫落一箇餘亦動搖不固此外視聽眠食未改五十以前舊態自以菲材久竊高位兢兢慄慄惟是不貪安逸不圖豐豫以是報　聖主之厚恩即以爲稍惜祖宗之餘澤上年恭遇兩次　覃恩已將本身應得　封典貤封伯祖父重五公暨中和公伯祖母彭太夫人暨蕭太夫人茲將　誥軸專盛四送回即求告知任尊叔及芝圃榮發厚一厚四諸弟敬謹收藏焚黄告墓之日子姓悉與於祭茲各寄二十金少助祭席之資又參枝對聯書帖等微物略將鄙忱伏乞

洒存左君辦餉之事因採辦諸人在各縣挖牆拆屋紛紛釀成控案東征局司道乃詳請概歸官辦不特不能添新委員即前此給札者亦須一一撤回是以未能照辦但諸人借湊本錢分途采買因此半途而廢不免吃虧姪已函告東局主事者酌量調劑不令虧本矣

同治二年八月初四日

字諭紀鴻接爾澄叔七月十八日信并爾寄澤兒一函知爾奉母於八月十九日起程來皖并三女與羅壻一同前來現在金陵未復皖省南北兩岸羣盜如毛爾母及四女等姑嫂來此并非久住之局大女理應在袁家侍姑盡孝本不應同來安慶因

林之後猶親自種菜收糞吾父竹亭公之勤儉則爾等所及見也今家中境地雖漸寬裕姪與諸昆弟切不可忘卻先世之艱難有福不可享盡有勢不可使盡勤字工夫第一貴早起第二貴有恆儉字工夫第一莫著華麗衣服第二莫多用僕婢雇工凡將相無種聖賢豪傑亦無種只要人肯立志都可做得到的姪等處最順之境當最富之年明年又從最賢之師但須立定志向何事不可成何人不可作願吾姪早勉之也廕生尚算正途功名可以考御史待姪十八九歲即與紀澤同進京應考然姪此際專心讀書宜以八股試帖為要不可專恃廕生為基總以鄉試會試能到榜前益為門戶之光紀官聞甚聰慧姪亦以

酉存在咨辦宜之事因采辦諸人在各縣挖端亦屬紛紛釀成
控案東征局司道乃詳請撤歸官辦不准不能添新委員回道
此給札者亦須一一撤回是以未能照辦但諸人借採本錢分
後來買因此等從而廢不免先虧捏已函告東局主事者酌量
諭兩不令衛本宅
同治二年八月初四日
字諭紀鴻接爾澄叔七月十八日信并爾寄澄叔一函知爾奉
母於八月十九日起程來皖并三女與羅壻一同前來現在金
陵未復皖省南北兩岸群盜如毛爾母及四女等姑嫂來此并
非久住之局大女理應在袁家侍姑盡孝本不應同來安慶因

榆生在此故吾未嘗寫信阻大女之行若三女與羅壻則尤應
在家事姑事母尤不可同來余每見嫁女貪戀母家富貴而
忘其翁姑者其後必無好處余家諸女當教之孝順翁姑敬事
丈夫慎無重母家而輕夫家效澆俗小家之陋習也三女夫婦
若尚在縣城省城一帶盡可令之仍回羅家奉母奉姑不必來
皖若業已開行勢難中途折回則可同來安慶一次小住一月
二月余再派人送歸其陳壻與二女計必在長沙相見不可帶
之同來余此間軍務大順余將寫信去接可也
同治二年八月十二日
字諭紀鴻爾於十九自家起行想九月初可自長沙挂帆東行

立志二字兄弟互相勸勉則日進無疆矣

同治三年六月二十六日酉刻

字諭紀澤余於廿五日巳刻抵金陵陸營文案各船亦於廿六日申刻趕到沅叔濕毒未愈而精神甚好偽忠王曾親訊一次擬即在此殺之由安慶咨行各處之摺在皖時未辦咨札稿兹寄去一稿若已先發即與此稿不符亦無礙也刻摺稿寄家可一二十分或百分亦可沅叔要二百分宜先儘沅叔處此外各處不宜多散此次令王洪陞坐輪船於廿七日回皖以後送包封者仍坐舢板歸去包封每日止送一次不可再多爾一切以勤謙二字爲主至囑頃見安慶付來之咨行稿甚妥此間稿不用矣

同治三年七月初七日

字諭紀澤日内北風甚勁未接包封及爾稟余亦未發信也偽忠王自寫親供多至五萬餘字兩日内看該酋親供如校對房本誤書殊費目力頃始具奏洪李二酋處治之法李酋已於初六正法供詞亦鈔送軍機處矣沅叔擬於十一二等日演戲請客余亦於十五前後起程回皖日内因天熱事多尚未將江西一案出奏計非五日不能核定此稿老年畏熱亦畏案牘之繁難余將來到金陵即在英王府寓居頃已派人修理矣此諭

同治三年七月初九日

字諭紀鴻自爾起行後南風甚多此五日内卻是東北風不知爾已至岳州否余以廿五日至金陵沅叔病已痊愈廿八日戮洪秀全之尸初六日將僞忠王正法初八日接富將軍咨余蒙
恩封侯沅叔封伯余所發之摺　批旨尚未接到不知同事諸公得何懋賞然得五等者甚少余借人之力以竊上賞寸心不安之至爾在外以謙謹二字爲主世家子弟門第過盛萬目所屬臨行時教以三戒之首末二條及力去傲惰二弊當已牢記之矣場前不可與州縣來往不可送條子進身之始務知自重酷熱尤須保養身體此囑

同治三年七月初九日

字諭紀澤廿三日之摺　批旨尚未到皖頗不可解豈已遞至官相處耶各處來信皆言須用賀表余亦不可不辦一分爾請程伯旉爲我撰一表爲沅叔撰一表伯旉前後所作謝摺太多此次擬另送潤筆費三十金蓋亦僅見之美事也得五等之封者似無多人余借人之力而竊上賞寸心深抱不安從前三藩之役封爵之人較多求闕齋西開有　皇朝文獻通考一部爾試查封建考中三藩之役共封幾人平準部封幾人平回部封幾人開單寄來僞幼主有逃至廣德之說不知確否此諭

同治三年七月初十日辰刻

字諭紀澤今早接奉廿九日　諭旨余蒙　恩封一等侯太子

太保雙眼花翎沅叔蒙　恩封一等伯太子少保雙眼花翎李臣典封子爵蕭孚泗男爵其餘黄馬褂九人世職十人雙眼花翎四人　恩旨本日包封鈔回兹先將初七之摺寄回發刻李秀成供明日付回也

同治三年七月十三日巳刻

字諭紀澤初十十一二等日戲酒三日沅叔料理周到精力沛然余則深以爲苦亢旱酷熱老人所畏應治之事多閣廢者江西周石一案奏稿久未核辦尤以爲疚自六月廿三日起凡人証皆由余發及盤川以示體䘏爾託子密告知兩司可也鄂刻地圖爾可即送一分與莫偲老輪船行江説三日内准付回另紙繕寫粘貼大圖空處萬篪軒忠鶴皋及泰州揚州各官日内均來此一見李少荃亦擬來一晤聞余將以七月回皖遂不來矣此諭

同治三年七月十八日

字諭紀澤二日未接爾稟葢北風阻滯之故此間十七日大風大雨蕭然便有秋氣富將軍今日來拜彼談一切余擬明日登舟乘坐民船不求其快舟中須作周石獄事一摺非三四日不能了沅叔處無一人獨坐之位無一刻清淨之時故未辦也其他積閣之事皆須在船一爲清理到皖當在月杪矣此囑

同治三年七月二十日

字諭紀澤余於十九日回拜富將軍即起程回皖約行七十里乃至棉花隄今日未刻發報後長行順風行七十里泊宿距釆石不過十餘里接奉　諭旨諸路將帥督撫均免造冊造報銷眞中興之　特恩也頃又接爾十八日稟鈔錄　封爵單一冊我　朝酬庸之典以此次最隆愧悚戰兢何以報稱爾曹當勉之矣

同治三年七月二十四日舊縣舟次

字諭紀鴻自爾還湘啟行後久未接爾來稟殊不放心今年天氣奇熱爾在途次平安否余在金陵與沅叔相聚二十五日二十日登舟還皖體中尚適余與沅叔蒙　恩晉封侯伯門戶太

盛深爲祇懼爾在省以謙敬二字爲主事事請問意臣芝生兩姻叔斷不可送條子致騰物議十六日出闈十七八拜客十九日即可回家九月初在家聽榜信後再起程來署可也擇交是第一要事須擇志趣遠大者此囑

同治四年閏五月初九日

字諭紀澤紀鴻余於初四日自邵伯開行後初八日至清江浦聞捻匪張任牛三股竄至蒙亳一帶英方伯雉河集營被圍易開俊在蒙城亦兩面皆賊糧路難通余商昌岐帶水師由洪澤湖至臨淮而自留此待羅劉旱隊至乃赴徐州爾等奉母在寓總以勤儉二字自惕而接物出以謙愼凡世家之不勤不儉者驗之

於內眷而畢露余在家深以婦女之奢逸爲慮爾二人立志撐持門戶亦宜自端內教始也余身尚安癬略甚耳

同治四年閏五月十九日清江浦

字諭紀澤接爾兩次安稟具悉一切爾母病已全愈羅外孫亦好慰慰余到清江已十一日因劉松山未到皖南各軍鬧餉故爾遲遲未發雉河蒙城等處日內亦無警信羅茂堂等今日開行由陸路赴臨淮余俟劉松山到後擬於廿一日由水路赴臨淮身體平安惟廑念湘勇鬧餉有弗戢自焚之懼竟日憂灼蔣之純一軍在湖北業已叛變恐各處相煽卽湘鄉亦難安居思所以痛懲之之法尚無善策楊見山之五十金已函復小岑在

於伊卿處致送邵世兄及各處月送之款已有一札由伊卿長送矣惟壬叔向按季送偶未入單劉伯山書局撤後再代謀一安硯之所該局何時可撤尚無聞也寓中絕不酬應計每月用錢若干兒婦諸女果每日紡績有常課否下次稟復吾近夜飯不用葷菜以肉湯燉蔬菜一二種令極爛如齏味美無比必可以資培養（菜不必貴適口則足養人）試燉與爾母食之（星岡公好於日入時手摘鮮蔬以供夜餐吾當時侍食實覺津津有味今則加以肉湯而味尚不逮於昔時）後輩則夜飯不葷專食蔬而不用肉湯亦養生之宜且崇儉之道也顏黃門（之推）顏氏家訓作於亂離之世張文端（英）聰訓齋語作於承平之世所以教家者極精爾兄弟各覓一冊常常閱習則日進矣

同治四年六月初一日

字諭紀鴻澤兒余於廿五六日渡洪澤湖面二百四十里廿七日入淮廿八日在五河停泊一日等候旱隊廿九日抵臨淮聞劉省三於廿四日抵徐州廿八日由徐州赴援雉河英西林於廿六日攻克高鑪集雉河之軍心益固大約圍可解矣羅張朱等明日可以到此劉松山初五六可到余小住半月當仍赴徐州也毛寄雲年伯至清江急欲與余一晤余因太遠止其來臨淮爾寫信太短近日所看之書及領略古人文字意趣儘可自攄所見隨時質正前所示有氣則有勢有識則有度有情則有韻有趣則有味古人絶好文字大約於此四者之中必有一長爾

所鬬古文何篇於何者爲近可放論而詳問焉鴻兒亦宜常常具稟自述近日工夫此示

同治四年六月十九日

字諭紀鴻澤今日接小岑信知邵世兄一病不起實深傷悼位西立身行己讀書作文俱無差謬不知何以家運衰替若此豈天意眞不可測耶爾母之病總帶温補之劑當無他虞羅氏外孫及朱金權已痊愈否此間水大異常各營皆已移渡南岸惟余所居淮北兩營係羅茂堂所帶二日内尚可不移再長水八寸則危矣陰雲鬱熱雨勢殊未已也邵世兄處應送奠儀五十金可由家中先爲代出有便差來營卽付去縢中軍所帶百人可

令每半月派一兵來此不必定候家鄉長夫送信余託陳小浦買龍井茶爾可先交銀十六兩亦候下次兵來時付去邵宅每月二十金爾告伊卿照常致送否須補一公牘否爾每旬至李宮保處一談否幕中諸友淩曉嵐等相見契愜否氣勢識度情韻趣味四者偶思邵子四象之說可以分配茲錄於別紙爾試究之

同治四年六月二十五日

字諭紀澤廿四日接奉　寄諭知沅叔已簡授山西巡撫諭旨咨少泉宮保處爾可借閱沅叔之病不知此時全愈否余須寄信囑其北上　陛見之便且至徐州兄弟相會陳刻廿四史頗爲可愛不知其錯字多否幾何原本可先刷一百部曾恆德無事亦可來營余又有取閱之書可令滕中軍派兵送來錄如別紙

同治四年七月初三日

字諭紀澤鴻兒紀澤於陶詩之識度不能領會試取飲酒二十首擬古九首歸田園居五首詠貧士七首等篇反覆讀之若能窺其胸襟之廣大寄託之遙深則知此公於聖賢豪傑皆已升堂入室爾能尋其用意深處下次試解說一二首寄來又問有一專長是否須兼三者乃爲合作此則斷斷不能韓無陰柔之美歐無陽剛之美況於他人而能兼之凡言兼衆長者皆其一無

所長者也鴻兒言此表範圍曲成橫豎相合足見善於領會至於純熟文字極力揣摩固屬切實工夫然少年文字總貴氣象崢嶸東坡所謂蓬蓬勃勃如釜上氣古文如賈誼治安策賈山至言太史公報任安書韓退之原道柳子厚封建論蘇東坡上神宗書時文如黃陶庵呂晚村袁簡齋曹寅谷墨卷如墨選觀止鄉墨精銳中所選兩排三疊之文皆有最盛之氣勢爾當兼在氣勢上用功無徒在揣摩上用功大約偶句多單句少段落多分股少莫拘場屋之格式短或三五百字長或八九百字千餘字皆無不可雖係四書題或用後世之史事或論目今之時務亦無不可總須將氣勢展得開筆仗使得強乃不至於束縛拘滯愈緊愈呆嗣後爾每月作五課揣摩之文作一課氣勢之文講揣摩者送師閱改講氣勢者寄余閱改四象表中惟氣勢之屬太陽者最難能而可貴古來文人雖偏於彼三者而無不在氣勢上痛下工夫兩兒均宜勉之此囑

同治四年七月十三日

字諭紀澤福秀之病全在脾虧今聞曉岑先生峻補脾胃似亦不甚相宜凡五藏極虧者皆不受峻補也爾少時亦極脾虧後用老米炒黃熬成極釅之稀飯服之半年乃有轉機爾母當尚能記憶金陵可覓得老米否試爲福秀一服此方開生到已數日元徵信接到兹有覆信幷邵二世兄信爾閱後封口交去渠

需銀兩爾陸續支付可也義山集似曾批過但所批無多余於道光廿二三四五六等年用胭脂圈批唯余有丁刻史記六套在家否王刻韓文在爾處程刻韓詩最精本小本杜詩康刻古文辭類纂溫叔帶回霞仙借去震川集在季師處山谷集在黃恕皆家首尾完畢餘皆有始無終故深以無恆爲憾近年在軍中閱書稍覺有恆然已晚矣故望爾等於少壯時卽從有恆二字痛下工夫然須有情韻趣味養得生機盎然乃可歷久不衰若拘苦疲困則不能真有恆也

同治四年七月二十七日

字諭紀澤紀鴻郭宅姻事吾意決不肯由輪船海道行走嘉禮儘可安和中度何必冒大洋風濤之險至禮成或在廣東或在湘陰須先將我家或全眷回湘或澤兒夫婦送妹回湘吾家主意定後而後昏期之或遲或早可定而後成禮之或湘或粵亦可定吾既決計不回江督之任而全眷猶戀戀於金陵不免武仲據防之嫌是爾母及全眷早遲總宜回湘全眷皆須還鄉四女何必先行吾意九月間爾兄弟送家屬悉歸湘鄉經過省城時如吉期在半月之內或爾母親至湘陰一送亦可如吉期尚遥則紀澤夫婦帶四妹在長沙小住屆期再行送至湘陰成婚至成禮之地余意總欲在湘陰爲正辦雲仙姻丈去歲嫁女既可在湘陰由意城主持則今年娶婦亦可在湘陰由意城主持金陵至湘陰近三千里粵東至湘陰近二千里女家送三千壻家迎

二千而成禮於累世桑梓之地豈不盡美盡善爾以此意詳覆雲仙姻丈一函令崔成貴等由海道回粵余亦以此意詳致一函由排單寄去即以此信爲定喜期定用十二月初二日全眷十月上旬自金陵啟行斷不致誤如筠仙姻丈不願在湘陰舉行仍執送粵之說則我家全眷暫回湘鄉明年再商吉期可也鴻兒之文氣勢頗旺下次再行詳示爾毋須用伏苓候至京之便購買余以廿四自臨淮起行十日無雨明日可到徐州矣途次平安勿念

同治四年八月十三日

字諭紀澤邵世兄開來節略等件收到位西先生遺文亦閱過

本月當作墓銘出月親爲書寫仍付金陵交張氏兄弟鈎刻大約刊刻搨印須三箇月工夫年底乃可蒇事爾告邵子晉急急返杭料理葬事以速爲妙此石不宜埋藏土中將來或藏之邵氏家廟或嵌之邵家屋壁或一二年後於墓之址丈餘另穿一小穴補行埋之亦無不可此次不可待碑成再定葬期也

同治四年八月十九日

字諭紀澤王船山先生書經稗疏三本春秋家說序一薄本係託劉韞齋先生在京城　文淵閣鈔出者爾可速寄歐陽曉岑丈處以便續行刊刻劉松山前借去鄂刻地圖七本茲已取回尚有二十六本在金陵可寄至大營配成全部全唐文太繁而

同治四年九月初一日

字諭紀澤爾十一日患病十六日尚神倦頭眩不知近已全愈否吾於凡事皆守盡其在我聽其在天二語卽養生之道亦然體彊者如富人因戒奢而益富體弱者如貧人因節嗇而自全節嗇非獨食色之性也卽讀書用心亦宜儉約不使太過余八本扁中言養生以少惱怒爲本又嘗教爾胸中不宜太苦須活潑潑地養得一段生機亦去惱怒之道也既戒惱怒又知節嗇養生之道已盡其在我者矣此外壽之長短病之有無一概聽其在天不必多生妄想去計較他凡多服藥餌求禱神祇皆妄想也吾於醫藥禱祀等事皆記星岡公之遺訓而稍加推闡教

爾後輩爾可常常與家中內外言之爾今冬若回湘不必來徐省問徐去金陵太遠也近日賊犯山東余之調度概杳少荃宮保處澄沅兩叔信附去查閱不須寄來矣此囑

同治四年九月十八日

字諭紀澤十七日接爾初十日稟知爾病三次翻覆近已全愈否舢板尚未到徐而此間羣賊萃於銅沛二縣攻破民圩頗多與微山湖相近湖中水淺近郡處又窄舢板或畏賊不欲進亦馮步賊約六七萬火器雖少而剽悍異常看來凶燄尚將日長吾已定與賊相終始故亦安之若素文輔卿自京來此言近事頗詳九叔浮言漸息霞仙雖降調而物望尚好雲仙眾望較減

郭慕徐處有專集十餘種其中有韓昌黎集吾欲借來一閱取其無注便於溫誦也又文獻通考吾曾點過田賦錢幣戶口職役征榷市糴土貢國用刑制輿地等門者晉書新唐書要殿本晉書兼取李芋仙送毛刻本均取來以便細閱後漢書亦可帶來殿本冬春皮衣均於此次舢板帶來此囑

同治四年八月二十一日

字諭紀澤鴻家眷旋湘應俟接筠仙丈覆信乃可定局余意姻期果是十二月初二則澤兒夫婦送妹先行至湘陰辦喜事畢即回湘鄉另覓房屋覓妥後寫信至金陵鴻兒奉母并全眷回籍若昏期改至明年則澤兒一人回湘覓屋家婦及四女皆隨母明年起程黃金堂之屋爾母素不以爲安又有塘中溺人之事自以另擇一處爲妥余意不願在長沙住以風俗華靡一家不能獨儉若另求僻靜處所亦殊難得不如即在金陵多住一年半載亦無不可澤兒回湘與兩叔父商在附近二三十里覓一合式之屋或尚可得星岡公昔年思在牛欄大坵起屋即鱖魚垻蕭祠間壁也不知果可造屋以終先志否又油鋪里係元吉公屋犁頭觜係輔臣公屋不知可買庄兌換或借住一二年否富圫可移兌否爾稟商兩叔必可設法辦成爾母既定於明年起程則松生夫婦及邵小姐之位置新年再議可也近奉諭旨飭余晉駐許州不去則屢違詔旨又失民望遽往則局勢不順必無成功焦灼之至餘不多及

天眷亦甚平平頃接雲信婚期已改明年然則爾今冬亦可不回湘矣原信鈔去一閱爾母健飯大慰大慰

同治四年九月二十五日

字諭紀澤茲將邵位西墓銘付回其兄之名空二字爾可填寫交匠人鈎摹刊刻李公墓銘匠人刻出太俗無深厚之氣余字尚不如是爾可教張氏二匠用刀須略明行氣之法刀下無氣則順修逆描全失勁健之氣矣幾何原本序付去照收余十九日覆奏李公入洛李丁迭遞一疏爾可至李公保署查閱此囑

同治四年九月晦日

字諭紀澤紀鴻廿六日接紀澤排遞之稟紀鴻舢板帶來稟件衣書

今日派夫往接矣澤兒肝氣痛病亦全好否爾不應有肝鬱之症或由元氣不足諸病易生身體本弱用心太過上次函示以節嗇之道用心宜約爾曾體驗否張文瑞公英所著聰訓齋語皆教子之言其中言養身擇友觀玩山水花竹純是一片太和生機爾宜常常省覽鴻兒體亦單弱亦宜常看此書吾教爾兄弟不在多書但以 聖祖之庭訓格言家中尚有數本張公之聰訓齋語莫宅有之申夫又刻於安慶二種爲教句句皆吾肺腑所欲言以後在家則蒔養花竹出門則飽看山水環金陵百里內外可以徧遊也算學書切不可再看讀他書亦以半日爲率未刻以後卽宜歇息游觀古人以懲忿窒欲爲養生要訣懲忿卽吾前信所謂少

惱怒也窒慾即吾前信所謂知節嗇也因好名好勝而用心太過亦慾之類也藥雖有利害亦隨之不可輕服切囑

同治四年十月初四日

字諭紀澤爾病已好慰慰賊於廿九日稍與馬隊接仗其夜即竄蕭縣初一二日竄又漸遠現尚不知果竄何處各兵既力求寬限以後即限九日以八百里之程每日僅走九十里并非强人所難張文端公聰訓齋語茲付去二本爾兄弟細心省覽不特於德業有益實於養生有益余身體平安惟精神日損老景逐增而責任甚重殊爲悚懼

同治四年十月十七日

字諭紀澤鴻賊自初三四兩日在豐縣爲潘軍所敗倉皇西竄行至甯陵又爲歸德周盛波一軍所敗擄擒賊供稱將竄湖北不知確否此間係幼泉游擊之師辦成除四鎮大兵外尚有兩枝大游兵儘數剿辦但求朱唐金軍遣撤不生事變則諸務漸有歸宿矣澤兒身體復元思來徐州省覲余擬於今冬至曹濟歸陳四府巡閱地勢現尚未定爾暫不必來如余不赴齊豫爾至十二月十五以後前來徐州侍余度歲可也彭笛仙在糧臺爾常相見否其學問長處究竟何如聰訓齋語余以爲可卻病延年爾兄弟與松生慕徐常常體驗否可一禀及此囑

同治四年十月二十四夜

字諭紀澤鴻余近日身體平安捻匪自竄河南後久無消息十九日之摺頃接　寄諭業經照准明年寓中請師頃桐城吳汝綸摯甫來此渠以本年進捷得內閣中書告假出京余勸令不必遽爾進京當差明年可至余幕中專心讀書多作古文因擬請其父吳元甲號育泉者至金陵教書爲紀鴻及陳壻之師育泉以廩生舉孝廉方正其子汝綸係一手所教成者也摯甫聞此言欣然樂從歸告其父想必允許惟澄沅叔已答應將富圫讓與我家居住明歲將送全眷回湘吳來金陵恐非長久之局摯甫由徐赴金陵余擬派差官送之爾可與之面商一切鴻兒每十日宜寫一稟字宜略大墨宜濃厚此囑

同治四年十一月初六日

字諭紀澤　彭宮保尚在安慶松生陪王益梧去恐無所遇抑別有他營耶河南吳中丞疏稱豫省情形萬難供職無狀請另簡賢能　諭旨又催移營現因湖團一案關係極大必須在徐料理新年即將移駐河南之周家口爾可於臘月來徐省覲隨同度歲由金陵坐船至清江清江雇王家營轎車至徐余派弁至清江迎接大約水陸不過十二三日程耳季泉無病何必託詞不來聰訓齋語俟覓得再寄余前信欲乞慕徐齋頭全唐文殘本中韓文一種爾曾與慕徐說及否明史亦未帶來臘月來營可將此二書帶來明史即將陳刻本帶來亦可王氏廣雅疏證

可附帶也

同治四年十一月十八日

字諭紀鴻澤余明年正月卽移駐周家口該處距漢口八百四十里距長沙一千六百餘里距金陵亦一千三百餘里兩邊皆係陸路通信於金陵與通信於長沙其難一也澤兒來此省覲送余移營起程後卽回金陵全眷仍以三月回湘爲妥吳育泉正月上學教滿兩月如果師弟相得或請之赴湖南或令紀鴻陳壻隨吳師來余營讀書亦無不可家中人少不宜分作兩處住也余日來核改水師章程將次完竣惟提鎮以下至千把每年各領養廉若干此間無書可查澤兒可翻會典查出寄來凡經

翻之現行者查典凡因革之有由者查事例武職養廉記始於乾隆四十七年補足名糧案內文職養廉記始於雍正五年耗羨歸公案內爾細查武養廉數日卽日先寄又提督之官見明史職官志都察院條內本與總督巡撫等官皆係文職而帶兵者不知何時改爲武職爾試翻尋會典或詢之淩曉嵐張嘯山等速行稟覆

同治四年十一月二十九日

字諭紀澤蔣大春賫到會典五冊明史一冊　國初提督尚文武兼用厥後專用武職不知始於何時前明有挂印總兵以總兵而挂平西將軍征南將軍等印　國朝總兵亦閒存挂印之

名而實無眞印不知何年并挂印之名而去之爾試問劉伯山能記之否水師章程定於十二月出奏如其查不出亦不要緊凡辦事不必定講考据也

同治五年正月十八日

字諭紀鴻爾學柳帖琅邪碑效其骨力則失其結搆有其開張則無其捖搏古帖本不易學然爾學之尚不過旬日焉能衆美畢備收效如此神速余昔學顏柳帖臨摹動輒數百紙猶且一無所似余四十以前在京所作之字骨力間架皆無可觀余自媿而自惡之四十八歲以後習李北海嶽麓寺碑略有進境然業歷八年之久臨摹已過千紙今爾用功未滿一月遂欲遽躋

神妙耶余於凡事皆用困知勉行工夫爾不可求名太驟求效太捷也以後每日習柳字百個單日以生紙臨之雙日以油紙摹之臨帖宜徐摹帖宜疾專學其開張處數月之後手愈拙字愈醜意興愈低所謂困也困時切莫間斷熬過此關便可少進再進再困再熬再奮自有亨通精進之日不特習字凡事皆有極困極難之時打得通的便是好漢余所責爾之功課并無多事每日習字一百閱通鑑五葉誦熟書一千字或經書或古文古詩或八股試帖從前讀書即爲熟書總以能背誦爲止總宜高聲朗誦三八日作一文一詩此課極簡每日不過兩個時辰即可完畢而看讀寫作四者俱全餘則聽爾自爲主張可也爾母欲以全家住周家口斷不可行周家口河

道甚窘，與永豐河相似，而余駐周家口亦非長局，決計全眷回湘。紀澤俟全行復元，二月初回金陵，余於初九日起程也。此囑。

同治五年正月二十四日

字諭紀鴻：日内未接爾稟，想闔寓平安。余定以二月九日由徐州起程，至山東濟兖、河南歸陳等處，駐紮周家口，以爲老營。紀澤定於初一日起程，花朝前後可抵金陵，三月初送全眷回湘。爾出外二年有奇，詩文全無長進，明年鄉試，不可不認眞講求八股試帖。吾鄉難尋明師，長沙書院亦多游戲徵逐之習，吾不放心。爾至安黄後，可與方存之、吴摯甫同伴，由六安州坐船至周家口，隨我大營讀書。李申夫於八股試帖最善講說，據渠論及，不過半年，卽可使聽者歡欣鼓舞，機趣洋溢而不能自已。爾到營後，棄去一切外事，卽看鑑、臨帖、算學等事皆當輟舍，專在八股試帖上講求。丁卯六月回籍鄉試，得不得雖有命定，但求試卷不爲人所譏笑，亦非一年苦功不可。

同治五年二月十八日兖州行次

字諭紀鴻：凡作字總要寫得秀，學顔柳，學其秀而能雄；學趙董，恐秀而失之弱耳。爾并非下等姿質，特從前無善講善誘之師，近來又頗有好高好速之弊。若求長進，須勿忘而兼以勿助，乃不致走入荆棘耳。

同治五年二月二十五日

字諭紀鴻澤、接紀澤在清江浦金陵所發之信舟行甚速病亦大愈爲慰老年來始知聖人教孟武伯問孝一節之眞切爾雖體弱多病然只宜清靜調養不宜妄施攻治莊生云聞在宥天下不聞治天下也東坡取此二語以爲養生之法爾熟於小學試取在宥二字之訓詁體味一番則知莊蘇皆有順其自然之意養生亦然治天下亦然若服藥而日更數方無故而終年峻補疾輕而妄施攻伐强求發汗則如商君治秦荆公治宋全失自然之妙柳子厚所謂名爲愛之其實害之陸務觀所謂天下本無事庸人自擾之皆此義也東坡游羅浮詩云小兒少年有奇志中宵起坐存黄庭下一存字正合莊子在宥二字之意蓋蘇氏兄弟父子皆講養生竊取黄老微旨故稱其子爲有奇志以爾之聰明豈不能窺透此旨余教爾從眠食二端用功看似粗淺卻得自然之妙爾以後不輕服藥自然日就壯健矣余以十九日至濟甯即聞河南賊匪圖竄山東暫駐此間不遽赴豫賊於廿二日已入山東曹縣境余調朱心檻三營來濟護衛騰出潘軍赴曹攻勦須俟賊出齊境余乃移營西行也爾侍母西行宜作還里之計不宜留連鄂中仕宦之家往往貪戀外省輕棄其鄉目前之快意甚少將來之受累甚大吾家宜力矯此弊

同治五年三月初五日

字諭紀澤全眷起行已定十七廿六兩日當可發容料理得流

叔二月十三日信定於三月初間赴鄂履任爾等到鄂當可少爲停留賊在山東余須留於濟甯就近調度不能遠至周家口紀鴻兒過安慶時不可輕赴周口且隨母至湖北再行定計爾過安慶往拜吳摯甫之父種泉翁觀其言論風範果能大有益於鴻兒否如其藹然可親爾兄弟即定計請之同船赴鄂即在沅叔署中讀書若余抵周家口距漢口八百四十里紀鴻省覲尚不甚難爾則奉母還湘不必在鄂久住金陵署內木器之稍佳者不必帶去余擬寄銀三百請澄叔在湘鄉湘潭置些木器送於富玘但求結實不求華貴衙門木器等物除送人少許外餘概交與房主姚姓張姓稍留去後之思

同治五年三月十四夜濟甯州

字諭紀澤鴻頃據探報張逆業已回竄似有返豫之意其任賴一股鋭意來東已過汴梁頃探亦有改竄西路之意如果齊省一律肅清余仍當赴周家口以踐前言雪琴之坐船已送到否三月十七果成行否沿途州縣有送迎者除不受禮物酒席外爾兄弟遇之須有一種謙謹氣象勿恃其清介而生傲惰也余近年默省之勤儉剛明忠恕謙渾八德曾爲澤兒言之宜轉告與鴻兒就中能體會一二字便有日進之象澤兒天質聰穎但嫌過於玲瓏剔透宜從渾字上用些工夫鴻兒則從勤字上用些工夫用工不可拘苦須探討些趣味出來余身體平安告爾母

放心此囑

同治五年四月二十五日濟甯

字諭紀澤、鴻：接爾二人在裕溪口、在安慶、在九江所發信，知沿途清吉爲慰。此時想已安抵湖北。沅叔恩明誼美，必留全眷在湖北過夏。余意業已回籍，即以一直到家爲安。富圫房屋如未修完，即在大夫第借住。紀鴻即留鄂署讀書。世家子弟既爲秀才，斷無不應科場之理。既入科場，恐詩文爲同人所笑，斷不可不切實用功。科六與黃澤生若來湖北，紀鴻宜從之講求八股。湖北有胡東谷，是一時文好手。此外尚有能手否？爾可禀商沅叔，擇一善講者而師事之。余尚不能遽赴周家口，申夫亦不能遽

赴鄂，中道遠而逼近賊氛，鴻兒不可冒昧來營，即在武昌沅叔左右苦心作詩文經策。

同治五年五月十一夜

字諭紀澤、鴻：接爾二人禀，知九叔母率眷抵鄂，極骨肉團聚之樂。宦途親眷本難相逢，亂世尤難。留鄂過暑，自是至情。鴻兒與瑞姪一同讀書，請黃澤生看文，恰與吾前信之意相合。屢聞近日精於舉業者言及陝西路閏生先生（諱德）《仁在堂稿》及所選《仁在堂試帖》、律賦、課藝，無一不當行出色，宜古宜今。余未見此書，僅見其所著《檉花館試帖》，久爲佩仰。陝西近三十年科第中人無一不出閏生先生之門，湖北官員中想亦有之。紀鴻與瑞姪等

須買仁在堂全稿樫華館試帖悉心揣摩如武漢無可購買或摺差由京買回亦可鴻兒信中擬專讀唐人詩文唐詩固宜專讀唐文除韓柳李孫外幾無一不四六者亦可不必多讀明年鴻瑞兩人宜專攻八股試帖選仁在堂中佳者讀必手鈔熟必背誦爾信中言須能背誦乃讀他篇苟能踐言實良法也讀樫華館試帖亦以背誦爲要對策不可太空鴻瑞二人可將文獻通考序二十五篇讀熟限五十日讀畢終身受用不盡旣在鄂讀書不必來營省覲矣

同治五年六月十六日

字諭紀鴻澤沅叔足疾全愈深可喜慰惟外毒遽瘳不知不生内疾否唐文李孫二家係指李翺孫樵八家始於唐荆川之文編至茅鹿門而其名大定至儲欣同人而添孫李二家　御選唐宋文醇亦從儲而增爲十家以全唐皆尚駢儷之文故韓柳李孫四人之不駢者爲可貴耳湘鄉修縣志舉爾纂修爾學未成就文甚遲鈍自不宜承認然亦不可全辭一則通縣公事吾家爲物望所歸不得不竭力贊助二則爾憚於作文正可借此逼出幾篇天下事無所爲而成者極少有所貪有所利而成者居其半有所激有所逼而成者居其半爾篆韻鈔畢宜從古文上用功余不能文而微有文名深以爲恥爾文更淺而亦獲虚名尤不可也吾友有山陽魯一同通父所譔邳州志清河縣志即

為近日志書之最善者此外再取有名之志為式議定體例俟余核過乃可動手

同治五年六月二十六日宿遷

字諭紀澤鴻十六日在濟甯開船廿四日至宿遷小舟酷熱晝不乾汗夜不成寐較之去年赴臨淮時困苦倍之吾家門第鼎盛而居家規模禮節未能認眞講求歷觀古來世家久長者男子須講求耕讀二事婦女須講求紡績酒食二事斯干之詩言帝王居室之事而女子重在酒食是議家人卦以二爻為主重在中饋內則一篇言酒食者居半故吾屢教兒婦諸女親主中饋後輩視之若不要緊此後還鄉居家婦女縱不能精於烹調必須常至廚房必須講求作酒作醯醢小菜之類爾等必須留心於時蔬養魚此一家興旺氣象斷不可忽紡績雖不能多亦不可間斷大房唱之四房皆和之家風自厚矣至囑至囑

同治五年七月二十一日

字諭紀澤鴻在臨淮住六七日擬由懷遠入渦河經蒙亳以達周口中秋後必可趕到屆時沅叔若至德安當設法至汝甯正陽等處一會余近來衰態日增眼光益蒙然每日諸事有恆未改常度爾等身體皆弱前所示養生五訣已行之否澤兒當添不輕服藥一層共六訣矣既知保養卻宜勤勞家之興衰人之窮通皆於勤惰卜之澤兒習勤有恆則諸弟七八人皆學樣矣鴻

兒來稟太少以後半月寫稟一次澤兒稟亦嫌太短以後可泛論時事或論學業也此諭

同治五年八月初三日

字諭紀澤紀鴻接紀澤兩稟并紀鴻及瑞姪稟信八股兩人氣象俱光昌有發達之概惟思路未開作文以思路宏開爲必發之品意義層出不窮宏開之謂也余此次行役始爲酷熱所困中爲風波所驚旋爲疾病所苦此間赴周家口尚有三百餘里或可平安耳爾擬於明史看畢畢看通鑑即可便看王船山之讀通鑑論爾或間作史論或作詠史詩惟有所作則心自易入史亦易熟否則難記也早間所食之鹽薑已完近日設法寄至周家

口吾家婦女須講究作小菜如腐乳醬油醬菜好醋倒筍之類常常做些寄與我吃內則言事父母舅姑以此爲重若外間買者則不寄可也

同治五年八月二十一日

字諭紀澤紀鴻接爾等八月初十日稟知鴻兒生男之喜軍事棘手衰病焦灼之際聞此大爲喜慰九月初十後澤兒送全眷回湘鴻兒可來周家口侍奉左右明年夏間澤兒來營侍奉換鴻兒回家鄉試余病已全愈惟不能用心偶一用心即有齒疼出汗等患而摺片不肯假手於人責望太重萬不能不用心也朱子綱目一書有續修宋元及明合爲一編者白玉堂忠愍公有之

武漢買得出否若有而字大明顯者可買一部帶來此諭

同治五年九月初九日

字諭紀澤鴻接澤兒八月十八日稟具悉擇期九月廿日還湘十月廿四日四女喜事諸務想辦妥矣凡衣服首飾百物只可照大女二女三女之例不可再加紀鴻於廿日送母之後即可東裝來營自坐一轎行李用小車從人或車或馬皆可請沅叔派人送至羅山余派人迎至羅山淮勇不足恃余亦久聞此言然物論悠悠何足深信所貴好而知其惡惡而知其美省三琴軒均屬有志之士未可厚非申夫好作識微之論而實不能平心細察余所見將才傑出者極少但有志氣即可予以美名而獎

成之余病雖已愈而難於用心擬於十二日續假一月十月奏請開缺但須沅弟無非常之舉吾乃可徐行吾志耳否則別有波折又須虛與委蛇也此諭

同治五年九月十七日

字諭紀澤鴻余病大致已好惟不甚能用心自度難任艱鉅已於十三日具片續假一月將來請開各缺縱不能離營調養但求事權稍小責任稍輕即為至幸欲求平捻功成從容引退殆恐不能即求免於謗議亦不能也捻匪竄過沙河賈魯河之北不知已入鄂境否若鴻兒尚未回湘目下亦不必來周口恐中途適與賊遇鹽薑頗好所作椿麩子醃菜亦好家中外須講求蒔

武漢所得出示諸有心字大明顯者可買一部帶來此諭

同治五年九月初九日

字諭紀澤紀鴻澤兒八月十八日稟具悉擇期九月廿日還湘十月廿四日四女喜事諸務想辦妥矣凡衣服首飾百物只可照大女二女三女之例不可再加紀鴻於廿日送母之後即可東遊來營自坐一轎行李用小車從人或車或馬皆可請沅叔派人送至羅山余派人迎至羅山淮勇不足恃余亦久聞此言然物論悠悠何足深信所貴好而知其惡惡而知其美者奏稱均屬不志之士未可厚非中夫好作識微之論而實不能平心細察余所見將才傑出者極少但有志氣即可予以美名而獎

成之余病雖已愈而難於用心擬於十二日續假一月十月奏請開缺但須沅弟無非常之事吾乃可徐行吾志耳否則別有斟酌又須慮與委蛇也此諭

同治五年九月十七日

字諭紀澤紀鴻余病大致已好惟不甚能用心自度難任艱鉅已於十三日具片請假一月將來請開各缺然不能離營調養但求事權稍小責任稍輕即為至幸欲求平捻功成從容引退殆恐不能即來究免物議亦不能也捻匪竄過沙河賈魯河之北不沙已入鄂境否若鴻兒尚未回湘日內亦不必來周口恐中途適與賊遇鹽畫所好所作精緻子璽萊亦好家中小須講求雜

疏內須講求曬小菜此足驗人家之興衰不可忽也此諭

同治五年十月十一日

字諭紀澤爾讀李義山詩於情韻既有所得則將來於六朝文人詩文亦必易於契合凡大家名家之作必有一種面貌一種神態與他人迥不相同譬之書家羲獻歐虞褚李顏柳一點一畫其面貌既截然不同其神氣亦全無似處　本朝張得天何義門雖稱書家而未能盡變古人之貌故必如劉石庵之貌異神異乃可推爲大家詩文亦然若非其貌其神迥絶羣倫不足以當大家之目渠既迥絶羣倫矣而後人讀之不能辨識其貌領取其神是讀者之見解未到非作者之咎也爾以後讀古文古詩惟當先認其貌後觀其神久之自能分別蹊徑今人動指某人學某家大抵多道聽塗說扣槃捫燭之類不足信也君子貴於自知不必隨衆口附和也余病已大愈尚難用心日內當奏請開缺近作古文二首亦尚入理今冬或可再作數首唐鏡海先生殁時其世兄求作墓誌余已應允久未動筆并將節略失去爾向唐家或賀世兄處索取行狀節略寄來羅山文集年譜未帶來營亦向易芝生先生索一部付來以便作碑一償夙諾紀鴻初六日自黃安起程日內應可到此

同治五年十月二十六日

字諭紀澤余於十三日具疏請開各缺并附片請注銷爵秩廿

五日接奉　批旨再賞假一月調理就痊進京陛見一次余擬於正月初旬起程進京余近無他苦惟腰疼畏寒夜不成眠羣疑衆謗之際此心不無介介然回思遍年行事無甚差謬自反而縮不似丁冬戊春之多悔多愁也到京後仍當具疏請開各缺惟以散員留營維繫軍心擔荷稍輕爾兄弟輪流侍奉軍務鬆時請假回籍省墓一次亦足以娛暮景紀鴻在此體氣甚好心思亦似開朗當令其回家事母耳

同治五年十一月初三日

字諭紀澤余定於正初北上頃已附片覆奏屆時鴻兒隨行二月回豫鴻兒三月可還湘也余決計此後不復作官亦不作回籍安逸之想但在營中照料雜事維繫軍心不居大位享大名或可免於大禍大謗若小小凶咎則亦聽之而已余近日身體頗健鴻兒亦發胖家中興衰全係乎內政之整散爾母率二婦諸女於酒食紡績二事斷不可不常常勤習目下官雖無恙須時時作罷官衰替之想至囑至囑

同治五年十一月十八日

字諭紀澤此間軍事東股任賴竄入光固賊勢已衰西股張總愚久踞秦中華陰一帶余派春霆往援大約臘初可以成行十七日覆奏不能回江督本任一摺刻木質關防留營自效一片茲鈔寄家中一閱若果能開去各缺不過留營一年或可請假

省墓但平日雖有譏謗之言亦不乏譽頌之人未必果准悉開各缺耳紀鴻在此體氣甚好月餘未令作文聽其瀟灑閒適一暢其機臘月當令與叶甥開課作文爾膽怯等症由於陰虧朱子所謂氣清者魄恆弱若能善曉酣眠則此症自去矣

同治五年十一月二十八日

字諭紀澤此間軍事任賴由固始竄至鄂境該逆不得逞志於鄂勢必仍回河南張逆入秦已奏派春霆援秦本月當可起程惟該逆有至漢中過年明春入蜀之說不知鮑軍追趕得及否本日摺差回營十三日又有滿御史參劾奉有明發 諭旨茲鈔回一閱余擬再具數疏婉辭必期盡開各缺而後已將來或

再奉入覲之 旨亦未可知爾在家料理家政不復召爾來營隨侍矣李申夫之母嘗有二語云有錢有酒款遠親火燒盜搶喊四鄰戒富貴之家不可敬遠親而慢近鄰也我家初移富圫不可輕慢近鄰酒飯宜鬆禮貌宜恭或另請一人款待賓客亦可除不管閒事不幫官司外有可行方便之處亦無吝也此諭

同治五年十二月初一日

歐陽夫人左右接紀澤兒各稟知全眷平安抵家夫人體氣康健至以爲慰余自八月以後屢疏請告假開缺幸蒙 聖恩准交卸 欽差大臣關防尚令回江督本任余病難於見客難於閱文不能復勝江督繁劇之任仍當再三疏辭但受 恩深重

不忍遽請離營即在周口養病少泉接辦如軍務日有起色余明年或可回籍省墓一次若久享山林之福則恐不能然辦撚無功　欽差交出而　恩眷仍不甚衰已大幸矣家中遇祭酒菜必須夫人率婦女親自經手祭祀之器皿另作一箱收之平日不可動用內而紡績做小菜外而蔬菜養魚款待人客夫人均須留心吾夫婦居心行事各房及子孫皆依以爲榜樣不可不勞苦不可不謹慎近在京買參每兩去銀卅五金不知好否茲寄一兩與夫人服之澄叔待兄與嫂極誠極敬我夫婦宜以誠敬待之大小事絲毫不可瞞他自然愈久愈親此問近好

同治五年十二月二十三日

字諭紀澤余自奉回兩江本任之　命兩次具疏堅辭皆未俞允訓詞肫摯只得遵　旨暫回徐州接受關防令少泉得以迅赴前敵以慰　宸廑余自揣精力日衰不能多閱文牘而意中所欲看之書又不肯全行割棄是以決計不爲疆吏不居要任兩三月內必再專疏懇辭余近作書箱大小如何廉舫八箱之式前後用橫板三塊如吾鄉倉門板之式四方上下皆有方木爲柱爲匡頂底及兩頭用板裝之出門則以繩絡之而可挑在家則以架乘之而可累兩箱三箱四箱不等開前倉板則可作櫃再開後倉板則可過風當作一小者送回以爲式樣吾縣木作最好而賤爾可照樣作數十箱每箱不過費錢數百文讀

書乃寒士本業切不可有官家風味吾於書箱及文房器具但求為寒士所能備者不求珍異也家中新居富圫一切須存此意莫作代代做官之想須作代代做士民之想門外但挂宮太保第一扁而已

同治六年三月二十二日

字諭紀澤紀鴻病請一醫來診鴻兒乃天花痘也余深用憂駭以痘太密厚年太長大而所服之藥無一不誤闔署惶恐失措幸託痘神佑助此三日內轉危為安茲將日記由鄂轉寄家中稍為一慰再過三日澀漿續行寄信回湘也爾七律十五首圓適深穩步趨義山而勁氣倔強頗似山谷爾於情韻趣味二者

皆由天分中得之凡詩文趣味約有二種一曰詼詭之趣一曰閑適之趣詼詭之趣惟莊柳之文蘇黃之詩韓公詩文皆極詼詭此外實不多見閑適之趣文惟柳子厚遊記近之詩則韋孟白傅均極閑適而余所好者尤在陶之五古杜之五律陸之七絕以為人生具此高淡襟懷雖南面王不以易其樂也爾胸懷頗雅淡試將此三人之詩研究一番但不可走入孤僻一路耳余近日平安告爾母及澄叔知之

同治六年三月二十八日

字諭紀澤鴻兒出痘余兩次詳信告知家中此六日尤為平順全家放心余憂患之餘每聞危險之事寸心如沸湯澆灼鴻兒

病痊後又以鄂省賊久踞臼口天門春霆病勢甚重焦慮之至爾信中述左帥密劾次青又與鴻兒信言閩中謠歌之事恐均不確余於左沈二公之以怨報德此中誠不能無芥蒂然老年篤畏天命力求克去褊心忮心爾輩少年尤不宜妄生意氣著不得絲毫意見切記切記爾稟氣太清清則易柔惟志趣高堅則可變柔爲剛清則易刻惟襟懷閎遠則可化刻爲厚余字汝曰劼剛恐其稍涉柔弱也教汝讀書須具大量看陸詩以導閎適之抱恐其稍涉刻薄也爾天性淡於榮利再從此二字用功則終身受用不盡矣鴻兒全數復元端午後當遣之回湘

同治六年五月初五日午刻

歐陽夫人左右自余回金陵後諸事順遂惟天氣亢旱雖四月廿四五月初三日兩次甘雨稻田尚不能栽插深以爲慮科一出痘非常危險幸祖宗神靈庇佑現已全愈發體變一結實模樣十五日滿兩箇月後卽當遣之回家計六月中旬可以抵湘如體氣日旺七月中旬赴省鄉試可也余精力日衰總難多見人客算命者常言十一月交癸運卽不吉利余亦不願久居此官不欲再接家眷東來夫人率兒婦輩在家須事事立箇一定章程居官不過偶然之事居家乃是長久之計能從勤儉耕讀上做出好規模雖一旦罷官尚不失爲興旺氣象若貪圖衙門之熱鬧不立家鄉之基業則罷官之後便覺氣象蕭索凡有盛

必有衰不可不預爲之計望夫人教訓兒孫婦女常常作家中無官之想時時有謙恭省儉之意則福澤悠久余心大慰矣余身體安好如常惟眼蒙日甚說話多則舌頭蹇澀左牙疼甚而不甚動搖不至遽脫堪以告慰順問近好

同治九年六月初四日將赴天津示二子

余即日前赴天津查辦毆斃洋人焚毀教堂一案外國性情凶悍津民習氣浮囂俱難和叶將來構怨興兵恐致激成大變余此行反覆籌思殊無良策余自咸豐三年募勇以來即自誓效命疆埸今老年病軀危難之際斷不肯吝於一死以自負其初心恐邂逅及難而爾等諸事無所稟承茲略示一二以備不虞

余若長逝靈柩自以由運河搬回江南歸湘爲便中間雖有臨清至張秋一節須改陸路較之全行陸路者差易去年由海船送來之書籍木器等過於繁重斷不可全行帶回須細心分別去留可送者分送可毀者焚毀其必不可棄者乃行帶歸毋貪瑣物而花途費其在保定自製之木器全行分送沿途謝絕一切概不收禮但水陸略求兵勇護送而已

余歷年奏摺令夏吏擇要鈔録今已鈔一多半自須全行擇鈔鈔畢後存之家中留於子孫觀覽不可發刻送人以其間可存者絕少也余所作古文黎蓴齋鈔録頗多頃渠已照鈔一分寄余處存稿此外黎所未鈔之文寥寥無幾尤不可發刻送人不

特篇帙太少且少壯不克努力志亢而才不足以副之刻出適以彰其陋耳如有知舊勸刻余集者婉言謝之可也切囑切囑

余生平略涉儒先之書見聖賢教人修身千言萬語而要以不忮不求爲重忮者嫉賢害能妒功爭寵所謂怠者不能修忌者畏人修之類也求者貪利貪名懷土懷惠所謂未得患得既得患失之類也忮不常見每發露於名業相侔勢位相埒之人求不常見每發露於貨財相接仕進相妨之際將欲造福先去忮心所謂人能充無欲害人之心而仁不可勝用也將欲立品先去求心所謂人能充無穿窬之心而義不可勝用也忮不去滿懷皆是荆棘求不去滿腔日卽卑汙余於此二者常加克治恨

尚未能掃除淨盡爾等欲心地乾淨宜於此二者痛下工夫幷願子孫世世戒之附作忮求詩二首錄右

歷覽有國有家之興皆由克勤克儉所致其衰也則反是余生平亦頗以勤字自勵而實不能勤故讀書無手鈔之冊居官無可存之牘生平亦好以儉字教人而自問實不能儉今署中內外服役之人廚房日用之數亦云奢矣其故由於前在軍營規模宏闊相沿未改近因多病醫藥之資漫無限制由儉入奢易於下水由奢反儉難於登天在兩江交卸時尚存養廉二萬金在余初意不料有此然似此放手用去轉瞬卽已立盡爾輩以後居家須學陸梭山之法每月用銀若干兩限一成數另封秤

出本月用畢只准贏餘不准虧欠衙門奢侈之習不能不徹底痛改余初帶兵之時立志不取軍營之錢以自肥其私今日差幸不負始願然亦不願子孫過於貧困低顔求人惟在爾輩力崇儉德善持其後而已

孝友爲家庭之祥瑞凡所稱因果報應他事或不盡驗獨孝友則立獲吉慶反是則立獲殃禍無不驗者吾早歲久宦京師於孝養之道多疏後來展轉兵間多獲諸弟之助而吾毫無裨益於諸弟余兄弟姊妹各家均有田宅之安大抵皆九弟扶助之力我身殁之後爾等事兩叔如父事叔母如母視堂兄弟如手足凡事皆從省嗇獨待諸叔之家則處處從厚待堂兄弟以德業相勸過失相規期於彼此有成爲第一要義其次則親之欲其貴愛之欲其富常常以吉祥善事代諸昆季默爲禱祝自當神人共欽温甫季洪兩弟之死余內省覺有慚德澄侯沅甫兩弟漸老余此生不審能否相見爾輩若能從孝友二字切實講求亦足爲我彌縫缺憾耳

附忮求詩二首

善莫大於恕德莫凶於妒妒者妾婦行瑣瑣奚比數己拙忌人能己塞忌人遇己若無事功忌人得成務己若無黨援忌人得多助勢位苟相敵畏偪又相惡己無好聞望忌人文名著己無賢子孫忌人後嗣裕爭名日夜奔爭利東西騖但期一身榮不

惜他人汙。聞災或欣幸，聞禍或悅豫。問渠何以然，不自知其故。爾室神來格，高明鬼所顧。天道常好還，嫉人還自誤。幽明叢詬忌，乖氣相迴互。重者烖汝躬，輕亦減汝祚。我今告後生，悚然大覺寤。終身讓人道，曾不失寸步。終身祝人善，曾不損尺布。消除嫉妒心，普天零甘露。家家獲吉祥，我亦無恐怖。右不忮

知足天地寬，貪得宇宙隘。豈無過人姿，多欲爲患害。在約每思豐，居困常求泰。富求千乘車，貴求萬釘帶。未得求速償，既得求勿壞。芬馨比椒蘭，磐固方泰岱。求榮不知饜，志亢神愈忲。歲燠有時寒，日明有時晦。時來多善緣，運去生災怪。諸福不可期，百殃紛來會。片言動招尤，舉足便有礙。戚戚抱殷憂，精爽日凋瘵。矯首望八荒，乾坤一何大。安榮無遽欣，患難無遽憝。君看十人中，八九無倚賴。人窮多過我，我窮猶可耐。而況處夷塗，奚事生嗟愾。於世少所求，俯仰有餘快。俟命堪終古，曾不願乎外。右不求

日課四條同治十年金陵節署中日記

一曰愼獨則心安　自修之道，莫難於養心。心既知有善知有惡，而不能實用其力以爲善去惡，則謂之自欺。方寸之自欺與否，蓋他人所不及知，而己獨知之。故大學之誠意章，兩言愼獨。果能好善如好好色，惡惡如惡惡臭，力去人欲以存天理，則大學之所謂自慊，中庸之所謂戒愼恐懼，皆能切實行之。卽曾子之所謂自反而縮，孟子之所謂仰不愧、俯不怍，所謂養心莫善

於寡欲皆不外乎是故能慎獨則內省不疚可以對天地質鬼神斷無行有不慊於心則餒之時人無一內愧之事則天君泰然此心常快足寬平是人生第一自強之道第一尋樂之方守身之先務也

二曰主敬則身強　敬之一字孔門持以敎人春秋士大夫亦常言之至程朱則千言萬語不離此旨內而專靜純一外而整齊嚴肅敬之工夫也出門如見大賓使民如承大祭敬之氣象也修己以安百姓篤恭而天下平敬之效驗也程子謂上下一於恭敬則天地自位萬物自育氣無不和四靈畢至聰明睿智皆由此出以此事天饗帝蓋謂敬則無美不備也吾謂敬字切

近之效尤在能固人肌膚之會筋骸之束莊敬日強安肆日偷皆自然之徵應雖有衰年病軀一遇壇廟祭獻之時戰陣危急之際亦不覺神爲之悚氣爲之振斯足知敬能使人身強矣若人無衆寡事無大小一一恭敬不敢懈慢則身體之強健又何疑乎

三曰求仁則人悅　凡人之生皆得天地之理以成性得天地之氣以成形我與民物其大本乃同出一源若但知私己而不知仁民愛物是於大本一源之道已悖而失之矣至於尊官厚祿高居人上則有拯民溺救民飢之責讀書學古粗知大義即有覺後知覺後覺之責若但知自了而不知敎養庶彙是於天

之所以厚我者辜負甚大矣。孔門教人莫大於求仁而其最切者莫要於欲立立人欲達達人數語立者自立不懼如富人百物有餘不假外求達者四達不悖如貴人登高一呼羣山四應人孰不欲己立己達若能推以立人達人則與物同春矣後世論求仁者莫精於張子之西銘彼其視民胞物與宏濟羣倫皆事天者性分當然之事必如此乃可謂之人不如此則曰悖德曰賊誠如其說則雖盡立天下之人盡達天下之人而曾無善勞之足言人有不悅而歸之者乎

四曰習勞則神欽　凡人之情莫不好逸而惡勞無論貴賤智愚老少皆貪於逸而憚於勞古今之所同也人一日所著之衣

所進之食與一日所行之事所用之力相稱則旁人韙之鬼神許之以爲彼自食其力也若農夫織婦終歲勤動以成數石之粟數尺之布而富貴之家終歲逸樂不營一業而食必珍羞衣必錦繡酣豢高眠一呼百諾此天下最不平之事鬼神所不許也其能久乎古之聖君賢相若湯之昧旦丕顯文王日昃不遑周公夜以繼日坐以待旦蓋無時不以勤勞自勵無逸一篇推之於勤則壽考逸則夭亡歷歷不爽爲一身計則必操習技藝磨鍊筋骨困知勉行操心危慮而後可以增智慧而長才識爲天下計則必己饑己溺一夫不獲引爲余辜大禹之周乘四載過門不入墨子之摩頂放踵以利天下皆極儉以奉身而極勤

以救民故荀子好稱大禹墨翟之行以其勤勞也軍興以來每見人有一材一技能耐艱苦者無不見用於人見稱於時其絕無材技不慣作勞者皆唾棄於時飢凍就斃故勤則壽逸則夭勤則有材而見用逸則無能而見棄勤則博濟斯民而神祇欽仰逸則無補於人而神鬼不歆是以君子欲爲人神所憑依莫大於習勞也

余衰年多病目疾日深萬難挽回汝及諸姪輩身體强壯者少古之君子修己治家必能心安身强而後有振興之象必使人悅神欽而後有駢集之祥今書此四條老年用自儆惕以補昔歲之愆幷令二子各自勖勉每夜以此四條相課每月終以此四條相稽仍寄諸姪共守以期有成焉

曾文正公家訓卷下終

圖書在版編目(CIP)數據

曾國藩家書·家訓：全十二册 /（清）曾國藩著.
—北京：中華書局，2014.7（2021.9重印）
ISBN 978-7-101-10280-2

Ⅰ.曾… Ⅱ.曾… Ⅲ.①曾國藩（1811~1872）-書信集
②家庭道德-中國-清代Ⅳ.①K827=52②B823.1

中國版本圖書館CIP數據核字（2014）第145542號

責任編輯：王水渙

曾國藩家書·家訓

（全十二册）

〔清〕曾國藩　著

*

中 華 書 局 出 版 發 行

（北京市豐臺區太平橋西里38號 100073）

http://www.zhbc.com.cn

E-mail:zhbc@zhbc.com.cn

揚州古籍綫裝文化有限公司印刷

*

2014年7月北京第1版　2021年9月第3次印刷

印數:1501-2000册　定價:：1800.00元

ISBN 978-7-101-10280-2